My Accented Bilingual Book of IGBO & ENGLISH Words

Helena Chinweoke

Copyright © 2021 Helena Chinweoke

All rights reserved. No part of this publication may be reproduced, distributed, or transmitted in any form or by any means, including photocopying, recording, or other electronic or mechanical methods, without the prior written permission of the publisher, except in the case of brief quotations embodied in critical reviews and certain other noncommercial uses permitted by copyright law. For permission requests, write to the publisher, addressed "Attention: Permissions Coordinator," at the address below.

Paperback ISBN: 978-1-7376021-0-1
Hardcover ISBN: 978-1-7376021-1-8
Ebook ISBN: 978-1-7376021-2-5

Published & Illustrated By Opportune Independent Publishing Company

Printed in the United States of America

For permission requests, email the publisher with the subject line as "Attention: Permissions Coordinator" to the email address below.

info@opportunepublishing.com
www. opportunepublishing.com

Acknowledgments

This book celebrates and encourages people all over the world to embrace and promulgate the beautiful Igbo culture regardless of where they are or come from. It is dedicated to my parents Sebastian & Ann Eke who raised me to know my roots. I appreciate my siblings, family and friends who encourage me to never give up. Special shout out to Rakesh K. and Amna for helping me with this!

PEOPLE

Husband and Wife
Dí nà Nwúnyè

Twins
Èjìmá

Sibling
Nwánné

Woman
Nwányì

Man
Nwókē

Friend
Ényì

PLACES

Hospital
Ụ́lọ̀ ọ́gwù

Hill
Úgwú

University
Máhādùm

School
Ụ́lọ̀ ákwụ́kwọ́

Government House
Ọ̀bí Gọ́ọ́méntì

Market
Áhị́á

Playground
Ámá Égwùrégwū

Forest
Óké ọ́hị́á

Church
Ụ́lọ̀ ụ́kà

PARTS OF BODY

HAIR — Ntùtụ̀
EYE — Ányá
NOSE — Ímí
EAR — Ntị̀
CHEEK — Ǹtì
CHIN — Àgbà
HANDS — Áká
FINGERS — Mkpị́sị́ákā
BACK — Àzụ́
KNEE — Íkpèrè
FOOT — Ọ̀kpà
TOES — Mkpị́sị́ ụ́kwụ̀

HEAD — Ísí
Face — Írú
TEETH — Ézē
MOUTH — Ọnụ́
TONGUE — Íré
Armpit — Ábụ̀
STOMACH — Áfọ́
NAILS — Mbọ́
BELLYBUTTON — Ótùbò
LEGS — Ụ́kwụ́
FINGERnails — Mbọ́ ákā
Toenails — Mbọ́ ụ̀kwụ̀

BEDROOM

- **Mirror** — Ùgègbè
- **Dress** — Úwé
- **Clothing** — Èfè/ Ákwà
- **Cream/Lotion** — Ùdé
- **Scarf** — Ìchàfù /Ùlàrì
- **Bag** — Àkpà
- **Wrapper** — Ògòdò
- **Shoes** — Ákpúkpó úkwù

FRUITS & NUTS

Banana — Únèrè

Orange — Òròmá

Lime — Òròmá Nkírísí

Pawpaw — Ókwùrù Bekee

Mango — Mángòrò

Water melon — Ányụ mmírí

Guava — Goova

African Star Apple — Ụ́dárá

Coconut — Ákụ́ Óyìbó

Palmnuts — Ákụ́ / Ákị́

Bitter kola — Ákị́ ínū

Pepper fruit — Mmìmì

Velvet tamarind — Ìchékū

Peanuts — Ahúékérē

Kola nut — Ójī

MUSICAL INSTRUMENTS

Big Slit Drum
Íkòrò

Slit-Drum
Ékwé

Thumb piano
Úbọ̀

Igbo rattle or Beaded calabash
Ịchàkà

Wooden flute
Òjà/Òpì

Clay Drum
Ùdù

Long cylinder drum
Ịgbà Ézè/Ógìdì /Nné Ìgbà

Cylinder Drum
Ịgbà

OCCUPATIONS

Doctor — Díbìà Óyìbó

Chief — Ìchíè

King — Ézè

Queen — Ézè nwányí

Warrior — Díkē ògù

Farmer — Ónyé órú úgbó

Chef — Òsí ńrí

Teacher — Ónyé nkúzí

Police — Ónyé ùwè ójíí

Dancer — ónyé égwū

Student — Nwátà ákwúkwó

Security Guard — Ónyé ńché

www.ingramcontent.com/pod-product-compliance
Lightning Source LLC
Chambersburg PA
CBHW051307110526
44589CB00025B/2964